N°.	Fecha	Ingresos	Egresos	Comentarios	Saldo €
N°.	Fecha	Ingresos	Egresos	Comentarios	Saldo €

N°.	Fecha	Ingresos	Egresos	Comentarios	Saldo €
N°.	Fecha	Ingresos	Egresos	Comentarios	Saldo €

N°.	Fecha	Ingresos	Egresos	Comentarios	Saldo €
N°.	Fecha	Ingresos	Egresos	Comentarios	Saldo €

Nº.	Fecha	Ingresos	Egresos	Comentarios	Saldo €
Nº.	Fecha	Ingresos	Egresos	Comentarios	Saldo €

N°.	Fecha	Ingresos	Egresos	Comentarios	Saldo €
N°.	Fecha	Ingresos	Egresos	Comentarios	Saldo €

N°.	Fecha	Ingresos	Egresos	Comentarios	Saldo €
N°.	Fecha	Ingresos	Egresos	Comentarios	Saldo €

N°.	Fecha	Ingresos	Egresos	Comentarios	Saldo €
N°.	Fecha	Ingresos	Egresos	Comentarios	Saldo €

N°.	Fecha	Ingresos	Egresos	Comentarios	Saldo €
N°.	Fecha	Ingresos	Egresos	Comentarios	Saldo €

N°.	Fecha	Ingresos	Egresos	Comentarios	Saldo €
N°.	Fecha	Ingresos	Egresos	Comentarios	Saldo €

N°.	Fecha	Ingresos	Egresos	Comentarios	Saldo €

N°.	Fecha	Ingresos	Egresos	Comentarios	Saldo €
N°.	Fecha	Ingresos	Egresos	Comentarios	Saldo €

N°.	Fecha	Ingresos	Egresos	Comentarios	Saldo €
N°.	Fecha	Ingresos	Egresos	Comentarios	Saldo €

N°.	Fecha	Ingresos	Egresos	Comentarios	Saldo €
N°.	Fecha	Ingresos	Egresos	Comentarios	Saldo €

N°.	Fecha	Ingresos	Egresos	Comentarios	Saldo €
N°.	Fecha	Ingresos	Egresos	Comentarios	Saldo €

N°.	Fecha	Ingresos	Egresos	Comentarios	Saldo €
N°.	Fecha	Ingresos	Egresos	Comentarios	Saldo €

N°.	Fecha	Ingresos	Egresos	Comentarios	Saldo €
N°.	Fecha	Ingresos	Egresos	Comentarios	Saldo €

N°.	Fecha	Ingresos	Egresos	Comentarios	Saldo €
N°.	Fecha	Ingresos	Egresos	Comentarios	Saldo €

N°.	Fecha	Ingresos	Egresos	Comentarios	Saldo €
N°.	Fecha	Ingresos	Egresos	Comentarios	Saldo €

N°.	Fecha	Ingresos	Egresos	Comentarios	Saldo €
N°.	Fecha	Ingresos	Egresos	Comentarios	Saldo €

N°.	Fecha	Ingresos	Egresos	Comentarios	Saldo €
N°.	Fecha	Ingresos	Egresos	Comentarios	Saldo €

Nº.	Fecha	Ingresos	Egresos	Comentarios	Saldo €
Nº.	Fecha	Ingresos	Egresos	Comentarios	Saldo €

Nº.	Fecha	Ingresos	Egresos	Comentarios	Saldo €
Nº.	Fecha	Ingresos	Egresos	Comentarios	Saldo €

N°.	Fecha	Ingresos	Egresos	Comentarios	Saldo €
N°.	Fecha	Ingresos	Egresos	Comentarios	Saldo €

N°.	Fecha	Ingresos	Egresos	Comentarios	Saldo €
N°.	Fecha	Ingresos	Egresos	Comentarios	Saldo €

N°.	Fecha	Ingresos	Egresos	Comentarios	Saldo €
N°.	Fecha	Ingresos	Egresos	Comentarios	Saldo €

N°.	Fecha	Ingresos	Egresos	Comentarios	Saldo €
N°.	Fecha	Ingresos	Egresos	Comentarios	Saldo €

N°.	Fecha	Ingresos	Egresos	Comentarios	Saldo €
N°.	Fecha	Ingresos	Egresos	Comentarios	Saldo €

N°.	Fecha	Ingresos	Egresos	Comentarios	Saldo €
N°.	Fecha	Ingresos	Egresos	Comentarios	Saldo €

Nº.	Fecha	Ingresos	Egresos	Comentarios	Saldo €
Nº.	Fecha	Ingresos	Egresos	Comentarios	Saldo €

N°.	Fecha	Ingresos	Egresos	Comentarios	Saldo €
N°.	Fecha	Ingresos	Egresos	Comentarios	Saldo €

N°.	Fecha	Ingresos	Egresos	Comentarios	Saldo €
N°.	Fecha	Ingresos	Egresos	Comentarios	Saldo €

N°.	Fecha	Ingresos	Egresos	Comentarios	Saldo €
N°.	Fecha	Ingresos	Egresos	Comentarios	Saldo €

N°.	Fecha	Ingresos	Egresos	Comentarios	Saldo €
N°.	Fecha	Ingresos	Egresos	Comentarios	Saldo €

N°.	Fecha	Ingresos	Egresos	Comentarios	Saldo €
N°.	Fecha	Ingresos	Egresos	Comentarios	Saldo €

N°.	Fecha	Ingresos	Egresos	Comentarios	Saldo €
N°.	Fecha	Ingresos	Egresos	Comentarios	Saldo €

Nº.	Fecha	Ingresos	Egresos	Comentarios	Saldo €
Nº.	Fecha	Ingresos	Egresos	Comentarios	Saldo €

N°.	Fecha	Ingresos	Egresos	Comentarios	Saldo €
N°.	Fecha	Ingresos	Egresos	Comentarios	Saldo €

N°.	Fecha	Ingresos	Egresos	Comentarios	Saldo €
N°.	Fecha	Ingresos	Egresos	Comentarios	Saldo €

N°.	Fecha	Ingresos	Egresos	Comentarios	Saldo €
N°.	Fecha	Ingresos	Egresos	Comentarios	Saldo €

N°.	Fecha	Ingresos	Egresos	Comentarios	Saldo €
N°.	Fecha	Ingresos	Egresos	Comentarios	Saldo €

N°.	Fecha	Ingresos	Egresos	Comentarios	Saldo €
N°.	Fecha	Ingresos	Egresos	Comentarios	Saldo €

N°.	Fecha	Ingresos	Egresos	Comentarios	Saldo €
N°.	Fecha	Ingresos	Egresos	Comentarios	Saldo €

N°.	Fecha	Ingresos	Egresos	Comentarios	Saldo €
N°.	Fecha	Ingresos	Egresos	Comentarios	Saldo €

N°.	Fecha	Ingresos	Egresos	Comentarios	Saldo €
N°.	Fecha	Ingresos	Egresos	Comentarios	Saldo €

N°.	Fecha	Ingresos	Egresos	Comentarios	Saldo €
N°.	Fecha	Ingresos	Egresos	Comentarios	Saldo €

N°.	Fecha	Ingresos	Egresos	Comentarios	Saldo €
N°.	Fecha	Ingresos	Egresos	Comentarios	Saldo €

N°.	Fecha	Ingresos	Egresos	Comentarios	Saldo €
N°.	Fecha	Ingresos	Egresos	Comentarios	Saldo €

N°.	Fecha	Ingresos	Egresos	Comentarios	Saldo €
N°.	Fecha	Ingresos	Egresos	Comentarios	Saldo €

N°.	Fecha	Ingresos	Egresos	Comentarios	Saldo €
N°.	Fecha	Ingresos	Egresos	Comentarios	Saldo €

Nº.	Fecha	Ingresos	Egresos	Comentarios	Saldo €
Nº.	Fecha	Ingresos	Egresos	Comentarios	Saldo €

N°.	Fecha	Ingresos	Egresos	Comentarios	Saldo €
N°.	Fecha	Ingresos	Egresos	Comentarios	Saldo €

N°.	Fecha	Ingresos	Egresos	Comentarios	Saldo €
N°.	Fecha	Ingresos	Egresos	Comentarios	Saldo €

N°.	Fecha	Ingresos	Egresos	Comentarios	Saldo €
N°.	Fecha	Ingresos	Egresos	Comentarios	Saldo €

N°.	Fecha	Ingresos	Egresos	Comentarios	Saldo €
N°.	Fecha	Ingresos	Egresos	Comentarios	Saldo €

N°.	Fecha	Ingresos	Egresos	Comentarios	Saldo €
N°.	Fecha	Ingresos	Egresos	Comentarios	Saldo €

N°.	Fecha	Ingresos	Egresos	Comentarios	Saldo €
N°.	Fecha	Ingresos	Egresos	Comentarios	Saldo €

N°.	Fecha	Ingresos	Egresos	Comentarios	Saldo €
N°.	Fecha	Ingresos	Egresos	Comentarios	Saldo €

N°.	Fecha	Ingresos	Egresos	Comentarios	Saldo €
N°.	Fecha	Ingresos	Egresos	Comentarios	Saldo €

N°.	Fecha	Ingresos	Egresos	Comentarios	Saldo €
N°.	Fecha	Ingresos	Egresos	Comentarios	Saldo €

N°.	Fecha	Ingresos	Egresos	Comentarios	Saldo €
N°.	Fecha	Ingresos	Egresos	Comentarios	Saldo €

N°.	Fecha	Ingresos	Egresos	Comentarios	Saldo €
N°.	Fecha	Ingresos	Egresos	Comentarios	Saldo €

N°.	Fecha	Ingresos	Egresos	Comentarios	Saldo €

N°.	Fecha	Ingresos	Egresos	Comentarios	Saldo €

N°.	Fecha	Ingresos	Egresos	Comentarios	Saldo €
N°.	Fecha	Ingresos	Egresos	Comentarios	Saldo €

N°.	Fecha	Ingresos	Egresos	Comentarios	Saldo €
N°.	Fecha	Ingresos	Egresos	Comentarios	Saldo €

N°.	Fecha	Ingresos	Egresos	Comentarios	Saldo €
N°.	Fecha	Ingresos	Egresos	Comentarios	Saldo €

N°.	Fecha	Ingresos	Egresos	Comentarios	Saldo €
N°.	Fecha	Ingresos	Egresos	Comentarios	Saldo €

N°.	Fecha	Ingresos	Egresos	Comentarios	Saldo €
N°.	Fecha	Ingresos	Egresos	Comentarios	Saldo €

N°.	Fecha	Ingresos	Egresos	Comentarios	Saldo €
N°.	Fecha	Ingresos	Egresos	Comentarios	Saldo €

N°.	Fecha	Ingresos	Egresos	Comentarios	Saldo €
N°.	Fecha	Ingresos	Egresos	Comentarios	Saldo €

N°.	Fecha	Ingresos	Egresos	Comentarios	Saldo €
N°.	Fecha	Ingresos	Egresos	Comentarios	Saldo €

N°.	Fecha	Ingresos	Egresos	Comentarios	Saldo €
N°.	Fecha	Ingresos	Egresos	Comentarios	Saldo €

N°.	Fecha	Ingresos	Egresos	Comentarios	Saldo €
N°.	Fecha	Ingresos	Egresos	Comentarios	Saldo €

N°.	Fecha	Ingresos	Egresos	Comentarios	Saldo €
N°.	Fecha	Ingresos	Egresos	Comentarios	Saldo €

N°.	Fecha	Ingresos	Egresos	Comentarios	Saldo €
N°.	Fecha	Ingresos	Egresos	Comentarios	Saldo €

N°.	Fecha	Ingresos	Egresos	Comentarios	Saldo €
N°.	Fecha	Ingresos	Egresos	Comentarios	Saldo €

N°.	Fecha	Ingresos	Egresos	Comentarios	Saldo €
N°.	Fecha	Ingresos	Egresos	Comentarios	Saldo €

N°.	Fecha	Ingresos	Egresos	Comentarios	Saldo €
N°.	Fecha	Ingresos	Egresos	Comentarios	Saldo €

N°.	Fecha	Ingresos	Egresos	Comentarios	Saldo €
N°.	Fecha	Ingresos	Egresos	Comentarios	Saldo €

N°.	Fecha	Ingresos	Egresos	Comentarios	Saldo €
N°.	Fecha	Ingresos	Egresos	Comentarios	Saldo €

N°.	Fecha	Ingresos	Egresos	Comentarios	Saldo €
N°.	Fecha	Ingresos	Egresos	Comentarios	Saldo €

N°.	Fecha	Ingresos	Egresos	Comentarios	Saldo €
N°.	Fecha	Ingresos	Egresos	Comentarios	Saldo €

N°.	Fecha	Ingresos	Egresos	Comentarios	Saldo €
N°.	Fecha	Ingresos	Egresos	Comentarios	Saldo €

N°.	Fecha	Ingresos	Egresos	Comentarios	Saldo €
N°.	Fecha	Ingresos	Egresos	Comentarios	Saldo €

N°.	Fecha	Ingresos	Egresos	Comentarios	Saldo €
N°.	Fecha	Ingresos	Egresos	Comentarios	Saldo €

N°.	Fecha	Ingresos	Egresos	Comentarios	Saldo €
N°.	Fecha	Ingresos	Egresos	Comentarios	Saldo €

N°.	Fecha	Ingresos	Egresos	Comentarios	Saldo €
N°.	Fecha	Ingresos	Egresos	Comentarios	Saldo €

N°.	Fecha	Ingresos	Egresos	Comentarios	Saldo €
N°.	Fecha	Ingresos	Egresos	Comentarios	Saldo €

N°.	Fecha	Ingresos	Egresos	Comentarios	Saldo €
N°.	Fecha	Ingresos	Egresos	Comentarios	Saldo €

N°.	Fecha	Ingresos	Egresos	Comentarios	Saldo €
N°.	Fecha	Ingresos	Egresos	Comentarios	Saldo €

N°.	Fecha	Ingresos	Egresos	Comentarios	Saldo €
N°.	Fecha	Ingresos	Egresos	Comentarios	Saldo €

N°.	Fecha	Ingresos	Egresos	Comentarios	Saldo €
N°.	Fecha	Ingresos	Egresos	Comentarios	Saldo €

N°.	Fecha	Ingresos	Egresos	Comentarios	Saldo €
N°.	Fecha	Ingresos	Egresos	Comentarios	Saldo €

N°.	Fecha	Ingresos	Egresos	Comentarios	Saldo €
N°.	Fecha	Ingresos	Egresos	Comentarios	Saldo €

N°.	Fecha	Ingresos	Egresos	Comentarios	Saldo €
N°.	Fecha	Ingresos	Egresos	Comentarios	Saldo €

N°.	Fecha	Ingresos	Egresos	Comentarios	Saldo €
N°.	Fecha	Ingresos	Egresos	Comentarios	Saldo €

N°.	Fecha	Ingresos	Egresos	Comentarios	Saldo €
N°.	Fecha	Ingresos	Egresos	Comentarios	Saldo €

N°.	Fecha	Ingresos	Egresos	Comentarios	Saldo €
N°.	Fecha	Ingresos	Egresos	Comentarios	Saldo €

N°.	Fecha	Ingresos	Egresos	Comentarios	Saldo €
N°.	Fecha	Ingresos	Egresos	Comentarios	Saldo €

N°.	Fecha	Ingresos	Egresos	Comentarios	Saldo €
N°.	Fecha	Ingresos	Egresos	Comentarios	Saldo €

N°.	Fecha	Ingresos	Egresos	Comentarios	Saldo €
N°.	Fecha	Ingresos	Egresos	Comentarios	Saldo €

N°.	Fecha	Ingresos	Egresos	Comentarios	Saldo €
N°.	Fecha	Ingresos	Egresos	Comentarios	Saldo €

N°.	Fecha	Ingresos	Egresos	Comentarios	Saldo €
N°.	Fecha	Ingresos	Egresos	Comentarios	Saldo €

N°.	Fecha	Ingresos	Egresos	Comentarios	Saldo €
N°.	Fecha	Ingresos	Egresos	Comentarios	Saldo €

N°.	Fecha	Ingresos	Egresos	Comentarios	Saldo €

N°.	Fecha	Ingresos	Egresos	Comentarios	Saldo €

N°.	Fecha	Ingresos	Egresos	Comentarios	Saldo €
N°.	Fecha	Ingresos	Egresos	Comentarios	Saldo €

N°.	Fecha	Ingresos	Egresos	Comentarios	Saldo €
N°.	Fecha	Ingresos	Egresos	Comentarios	Saldo €

N°.	Fecha	Ingresos	Egresos	Comentarios	Saldo €
N°.	Fecha	Ingresos	Egresos	Comentarios	Saldo €

N°.	Fecha	Ingresos	Egresos	Comentarios	Saldo €

N°.	Fecha	Ingresos	Egresos	Comentarios	Saldo €

N°.	Fecha	Ingresos	Egresos	Comentarios	Saldo €

N°.	Fecha	Ingresos	Egresos	Comentarios	Saldo €

N°.	Fecha	Ingresos	Egresos	Comentarios	Saldo €
N°.	Fecha	Ingresos	Egresos	Comentarios	Saldo €

N°.	Fecha	Ingresos	Egresos	Comentarios	Saldo €
N°.	Fecha	Ingresos	Egresos	Comentarios	Saldo €

N°.	Fecha	Ingresos	Egresos	Comentarios	Saldo €
N°.	Fecha	Ingresos	Egresos	Comentarios	Saldo €

N°.	Fecha	Ingresos	Egresos	Comentarios	Saldo €
N°.	Fecha	Ingresos	Egresos	Comentarios	Saldo €

N°.	Fecha	Ingresos	Egresos	Comentarios	Saldo €
N°.	Fecha	Ingresos	Egresos	Comentarios	Saldo €

N°.	Fecha	Ingresos	Egresos	Comentarios	Saldo €
N°.	Fecha	Ingresos	Egresos	Comentarios	Saldo €

N°.	Fecha	Ingresos	Egresos	Comentarios	Saldo €
N°.	Fecha	Ingresos	Egresos	Comentarios	Saldo €

N°.	Fecha	Ingresos	Egresos	Comentarios	Saldo €
N°.	Fecha	Ingresos	Egresos	Comentarios	Saldo €

N°.	Fecha	Ingresos	Egresos	Comentarios	Saldo €
N°.	Fecha	Ingresos	Egresos	Comentarios	Saldo €

N°.	Fecha	Ingresos	Egresos	Comentarios	Saldo €
N°.	Fecha	Ingresos	Egresos	Comentarios	Saldo €

N°.	Fecha	Ingresos	Egresos	Comentarios	Saldo €
N°.	Fecha	Ingresos	Egresos	Comentarios	Saldo €

Nº.	Fecha	Ingresos	Egresos	Comentarios	Saldo €
Nº.	Fecha	Ingresos	Egresos	Comentarios	Saldo €

N°.	Fecha	Ingresos	Egresos	Comentarios	Saldo €
N°.	Fecha	Ingresos	Egresos	Comentarios	Saldo €

N°.	Fecha	Ingresos	Egresos	Comentarios	Saldo €
N°.	Fecha	Ingresos	Egresos	Comentarios	Saldo €

N°.	Fecha	Ingresos	Egresos	Comentarios	Saldo €
N°.	Fecha	Ingresos	Egresos	Comentarios	Saldo €

N°.	Fecha	Ingresos	Egresos	Comentarios	Saldo €
N°.	Fecha	Ingresos	Egresos	Comentarios	Saldo €

N°.	Fecha	Ingresos	Egresos	Comentarios	Saldo €
N°.	Fecha	Ingresos	Egresos	Comentarios	Saldo €

N°.	Fecha	Ingresos	Egresos	Comentarios	Saldo €
N°.	Fecha	Ingresos	Egresos	Comentarios	Saldo €

N°.	Fecha	Ingresos	Egresos	Comentarios	Saldo €
N°.	Fecha	Ingresos	Egresos	Comentarios	Saldo €

N°.	Fecha	Ingresos	Egresos	Comentarios	Saldo €
N°.	Fecha	Ingresos	Egresos	Comentarios	Saldo €

Nº.	Fecha	Ingresos	Egresos	Comentarios	Saldo €
Nº.	Fecha	Ingresos	Egresos	Comentarios	Saldo €

N°.	Fecha	Ingresos	Egresos	Comentarios	Saldo €
N°.	Fecha	Ingresos	Egresos	Comentarios	Saldo €

N°.	Fecha	Ingresos	Egresos	Comentarios	Saldo €
N°.	Fecha	Ingresos	Egresos	Comentarios	Saldo €

Nº.	Fecha	Ingresos	Egresos	Comentarios	Saldo €
Nº.	Fecha	Ingresos	Egresos	Comentarios	Saldo €

N°.	Fecha	Ingresos	Egresos	Comentarios	Saldo €
N°.	Fecha	Ingresos	Egresos	Comentarios	Saldo €

N°.	Fecha	Ingresos	Egresos	Comentarios	Saldo €
N°.	Fecha	Ingresos	Egresos	Comentarios	Saldo €

N°.	Fecha	Ingresos	Egresos	Comentarios	Saldo €
N°.	Fecha	Ingresos	Egresos	Comentarios	Saldo €

N°.	Fecha	Ingresos	Egresos	Comentarios	Saldo €
N°.	Fecha	Ingresos	Egresos	Comentarios	Saldo €

N°.	Fecha	Ingresos	Egresos	Comentarios	Saldo €
N°.	Fecha	Ingresos	Egresos	Comentarios	Saldo €

N°.	Fecha	Ingresos	Egresos	Comentarios	Saldo €
N°.	Fecha	Ingresos	Egresos	Comentarios	Saldo €

N°.	Fecha	Ingresos	Egresos	Comentarios	Saldo €
N°.	Fecha	Ingresos	Egresos	Comentarios	Saldo €

N°.	Fecha	Ingresos	Egresos	Comentarios	Saldo €
N°.	Fecha	Ingresos	Egresos	Comentarios	Saldo €

N°.	Fecha	Ingresos	Egresos	Comentarios	Saldo €
N°.	Fecha	Ingresos	Egresos	Comentarios	Saldo €

N°.	Fecha	Ingresos	Egresos	Comentarios	Saldo €
N°.	Fecha	Ingresos	Egresos	Comentarios	Saldo €

N°.	Fecha	Ingresos	Egresos	Comentarios	Saldo €
N°.	Fecha	Ingresos	Egresos	Comentarios	Saldo €

Nº.	Fecha	Ingresos	Egresos	Comentarios	Saldo €
Nº.	Fecha	Ingresos	Egresos	Comentarios	Saldo €

N°.	Fecha	Ingresos	Egresos	Comentarios	Saldo €
N°.	Fecha	Ingresos	Egresos	Comentarios	Saldo €

N°.	Fecha	Ingresos	Egresos	Comentarios	Saldo €
N°.	Fecha	Ingresos	Egresos	Comentarios	Saldo €

N°.	Fecha	Ingresos	Egresos	Comentarios	Saldo €
N°.	Fecha	Ingresos	Egresos	Comentarios	Saldo €

N°.	Fecha	Ingresos	Egresos	Comentarios	Saldo €
N°.	Fecha	Ingresos	Egresos	Comentarios	Saldo €

N°.	Fecha	Ingresos	Egresos	Comentarios	Saldo €
N°.	Fecha	Ingresos	Egresos	Comentarios	Saldo €

N°.	Fecha	Ingresos	Egresos	Comentarios	Saldo €
N°.	Fecha	Ingresos	Egresos	Comentarios	Saldo €

N°.	Fecha	Ingresos	Egresos	Comentarios	Saldo €
N°.	Fecha	Ingresos	Egresos	Comentarios	Saldo €

N°.	Fecha	Ingresos	Egresos	Comentarios	Saldo €
N°.	Fecha	Ingresos	Egresos	Comentarios	Saldo €

N°.	Fecha	Ingresos	Egresos	Comentarios	Saldo €
N°.	Fecha	Ingresos	Egresos	Comentarios	Saldo €

N°.	Fecha	Ingresos	Egresos	Comentarios	Saldo €
N°.	Fecha	Ingresos	Egresos	Comentarios	Saldo €

N°.	Fecha	Ingresos	Egresos	Comentarios	Saldo €

N°.	Fecha	Ingresos	Egresos	Comentarios	Saldo €

N°.	Fecha	Ingresos	Egresos	Comentarios	Saldo €
N°.	Fecha	Ingresos	Egresos	Comentarios	Saldo €

N°.	Fecha	Ingresos	Egresos	Comentarios	Saldo €
N°.	Fecha	Ingresos	Egresos	Comentarios	Saldo €

N°.	Fecha	Ingresos	Egresos	Comentarios	Saldo €
N°.	Fecha	Ingresos	Egresos	Comentarios	Saldo €

N°.	Fecha	Ingresos	Egresos	Comentarios	Saldo €
N°.	Fecha	Ingresos	Egresos	Comentarios	Saldo €

Nº.	Fecha	Ingresos	Egresos	Comentarios	Saldo €
Nº.	Fecha	Ingresos	Egresos	Comentarios	Saldo €

N°.	Fecha	Ingresos	Egresos	Comentarios	Saldo €
N°.	Fecha	Ingresos	Egresos	Comentarios	Saldo €

N°.	Fecha	Ingresos	Egresos	Comentarios	Saldo €
N°.	Fecha	Ingresos	Egresos	Comentarios	Saldo €

N°.	Fecha	Ingresos	Egresos	Comentarios	Saldo €
N°.	Fecha	Ingresos	Egresos	Comentarios	Saldo €

N°.	Fecha	Ingresos	Egresos	Comentarios	Saldo €
N°.	Fecha	Ingresos	Egresos	Comentarios	Saldo €

N°.	Fecha	Ingresos	Egresos	Comentarios	Saldo €
N°.	Fecha	Ingresos	Egresos	Comentarios	Saldo €

N°.	Fecha	Ingresos	Egresos	Comentarios	Saldo €
N°.	Fecha	Ingresos	Egresos	Comentarios	Saldo €

N°.	Fecha	Ingresos	Egresos	Comentarios	Saldo €

N°.	Fecha	Ingresos	Egresos	Comentarios	Saldo €

N°.	Fecha	Ingresos	Egresos	Comentarios	Saldo €
N°.	Fecha	Ingresos	Egresos	Comentarios	Saldo €

N°.	Fecha	Ingresos	Egresos	Comentarios	Saldo €
N°.	Fecha	Ingresos	Egresos	Comentarios	Saldo €

N°.	Fecha	Ingresos	Egresos	Comentarios	Saldo €
N°.	Fecha	Ingresos	Egresos	Comentarios	Saldo €

N°.	Fecha	Ingresos	Egresos	Comentarios	Saldo €
N°.	Fecha	Ingresos	Egresos	Comentarios	Saldo €

N°.	Fecha	Ingresos	Egresos	Comentarios	Saldo €
N°.	Fecha	Ingresos	Egresos	Comentarios	Saldo €

N°.	Fecha	Ingresos	Egresos	Comentarios	Saldo €
N°.	Fecha	Ingresos	Egresos	Comentarios	Saldo €

N°.	Fecha	Ingresos	Egresos	Comentarios	Saldo €
N°.	Fecha	Ingresos	Egresos	Comentarios	Saldo €

N°.	Fecha	Ingresos	Egresos	Comentarios	Saldo €
N°.	Fecha	Ingresos	Egresos	Comentarios	Saldo €

Nº.	Fecha	Ingresos	Egresos	Comentarios	Saldo €
Nº.	Fecha	Ingresos	Egresos	Comentarios	Saldo €

N°.	Fecha	Ingresos	Egresos	Comentarios	Saldo €
N°.	Fecha	Ingresos	Egresos	Comentarios	Saldo €

N°.	Fecha	Ingresos	Egresos	Comentarios	Saldo €
N°.	Fecha	Ingresos	Egresos	Comentarios	Saldo €

N°.	Fecha	Ingresos	Egresos	Comentarios	Saldo €
N°.	Fecha	Ingresos	Egresos	Comentarios	Saldo €

Nº.	Fecha	Ingresos	Egresos	Comentarios	Saldo €
Nº.	Fecha	Ingresos	Egresos	Comentarios	Saldo €

N°.	Fecha	Ingresos	Egresos	Comentarios	Saldo €
N°.	Fecha	Ingresos	Egresos	Comentarios	Saldo €

N°.	Fecha	Ingresos	Egresos	Comentarios	Saldo €
N°.	Fecha	Ingresos	Egresos	Comentarios	Saldo €

N°.	Fecha	Ingresos	Egresos	Comentarios	Saldo €
N°.	Fecha	Ingresos	Egresos	Comentarios	Saldo €

N°.	Fecha	Ingresos	Egresos	Comentarios	Saldo €
N°.	Fecha	Ingresos	Egresos	Comentarios	Saldo €

N°.	Fecha	Ingresos	Egresos	Comentarios	Saldo €
N°.	Fecha	Ingresos	Egresos	Comentarios	Saldo €

N°.	Fecha	Ingresos	Egresos	Comentarios	Saldo €
N°.	Fecha	Ingresos	Egresos	Comentarios	Saldo €

N°.	Fecha	Ingresos	Egresos	Comentarios	Saldo €
N°.	Fecha	Ingresos	Egresos	Comentarios	Saldo €

Nº.	Fecha	Ingresos	Egresos	Comentarios	Saldo €
Nº.	Fecha	Ingresos	Egresos	Comentarios	Saldo €

N°.	Fecha	Ingresos	Egresos	Comentarios	Saldo €
N°.	Fecha	Ingresos	Egresos	Comentarios	Saldo €

N°.	Fecha	Ingresos	Egresos	Comentarios	Saldo €
N°.	Fecha	Ingresos	Egresos	Comentarios	Saldo €

N°.	Fecha	Ingresos	Egresos	Comentarios	Saldo €
N°.	Fecha	Ingresos	Egresos	Comentarios	Saldo €

N°.	Fecha	Ingresos	Egresos	Comentarios	Saldo €
N°.	Fecha	Ingresos	Egresos	Comentarios	Saldo €

N°.	Fecha	Ingresos	Egresos	Comentarios	Saldo €
N°.	Fecha	Ingresos	Egresos	Comentarios	Saldo €

N°.	Fecha	Ingresos	Egresos	Comentarios	Saldo €
N°.	Fecha	Ingresos	Egresos	Comentarios	Saldo €

N°.	Fecha	Ingresos	Egresos	Comentarios	Saldo €
N°.	Fecha	Ingresos	Egresos	Comentarios	Saldo €

N°.	Fecha	Ingresos	Egresos	Comentarios	Saldo €
N°.	Fecha	Ingresos	Egresos	Comentarios	Saldo €

N°.	Fecha	Ingresos	Egresos	Comentarios	Saldo €
N°.	Fecha	Ingresos	Egresos	Comentarios	Saldo €

N°.	Fecha	Ingresos	Egresos	Comentarios	Saldo €
N°.	Fecha	Ingresos	Egresos	Comentarios	Saldo €

N°.	Fecha	Ingresos	Egresos	Comentarios	Saldo €
N°.	Fecha	Ingresos	Egresos	Comentarios	Saldo €

N°.	Fecha	Ingresos	Egresos	Comentarios	Saldo €
N°.	Fecha	Ingresos	Egresos	Comentarios	Saldo €

N°.	Fecha	Ingresos	Egresos	Comentarios	Saldo €
N°.	Fecha	Ingresos	Egresos	Comentarios	Saldo €

N°.	Fecha	Ingresos	Egresos	Comentarios	Saldo €
N°.	Fecha	Ingresos	Egresos	Comentarios	Saldo €

N°.	Fecha	Ingresos	Egresos	Comentarios	Saldo €
N°.	Fecha	Ingresos	Egresos	Comentarios	Saldo €

N°.	Fecha	Ingresos	Egresos	Comentarios	Saldo €
N°.	Fecha	Ingresos	Egresos	Comentarios	Saldo €

N°.	Fecha	Ingresos	Egresos	Comentarios	Saldo €
N°.	Fecha	Ingresos	Egresos	Comentarios	Saldo €

N°.	Fecha	Ingresos	Egresos	Comentarios	Saldo €
N°.	Fecha	Ingresos	Egresos	Comentarios	Saldo €

N°.	Fecha	Ingresos	Egresos	Comentarios	Saldo €
N°.	Fecha	Ingresos	Egresos	Comentarios	Saldo €

N°.	Fecha	Ingresos	Egresos	Comentarios	Saldo €
N°.	Fecha	Ingresos	Egresos	Comentarios	Saldo €

N°.	Fecha	Ingresos	Egresos	Comentarios	Saldo €
N°.	Fecha	Ingresos	Egresos	Comentarios	Saldo €

N°.	Fecha	Ingresos	Egresos	Comentarios	Saldo €
N°.	Fecha	Ingresos	Egresos	Comentarios	Saldo €

N°.	Fecha	Ingresos	Egresos	Comentarios	Saldo €

N°.	Fecha	Ingresos	Egresos	Comentarios	Saldo €

Nº.	Fecha	Ingresos	Egresos	Comentarios	Saldo €
Nº.	Fecha	Ingresos	Egresos	Comentarios	Saldo €

N°.	Fecha	Ingresos	Egresos	Comentarios	Saldo €
N°.	Fecha	Ingresos	Egresos	Comentarios	Saldo €

N°.	Fecha	Ingresos	Egresos	Comentarios	Saldo €

N°.	Fecha	Ingresos	Egresos	Comentarios	Saldo €

N°.	Fecha	Ingresos	Egresos	Comentarios	Saldo €
N°.	Fecha	Ingresos	Egresos	Comentarios	Saldo €

N°.	Fecha	Ingresos	Egresos	Comentarios	Saldo €
N°.	Fecha	Ingresos	Egresos	Comentarios	Saldo €

N°.	Fecha	Ingresos	Egresos	Comentarios	Saldo €
N°.	Fecha	Ingresos	Egresos	Comentarios	Saldo €

Nº.	Fecha	Ingresos	Egresos	Comentarios	Saldo €
Nº.	Fecha	Ingresos	Egresos	Comentarios	Saldo €

N°.	Fecha	Ingresos	Egresos	Comentarios	Saldo €
N°.	Fecha	Ingresos	Egresos	Comentarios	Saldo €

Nº.	Fecha	Ingresos	Egresos	Comentarios	Saldo €
Nº.	Fecha	Ingresos	Egresos	Comentarios	Saldo €

N°.	Fecha	Ingresos	Egresos	Comentarios	Saldo €
N°.	Fecha	Ingresos	Egresos	Comentarios	Saldo €

N°.	Fecha	Ingresos	Egresos	Comentarios	Saldo €
N°.	Fecha	Ingresos	Egresos	Comentarios	Saldo €

N°.	Fecha	Ingresos	Egresos	Comentarios	Saldo €
N°.	Fecha	Ingresos	Egresos	Comentarios	Saldo €

N°.	Fecha	Ingresos	Egresos	Comentarios	Saldo €
N°.	Fecha	Ingresos	Egresos	Comentarios	Saldo €

N°.	Fecha	Ingresos	Egresos	Comentarios	Saldo €
N°.	Fecha	Ingresos	Egresos	Comentarios	Saldo €

N°.	Fecha	Ingresos	Egresos	Comentarios	Saldo €
N°.	Fecha	Ingresos	Egresos	Comentarios	Saldo €

N°.	Fecha	Ingresos	Egresos	Comentarios	Saldo €
N°.	Fecha	Ingresos	Egresos	Comentarios	Saldo €

N°.	Fecha	Ingresos	Egresos	Comentarios	Saldo €
N°.	Fecha	Ingresos	Egresos	Comentarios	Saldo €

N°.	Fecha	Ingresos	Egresos	Comentarios	Saldo €
N°.	Fecha	Ingresos	Egresos	Comentarios	Saldo €

N°.	Fecha	Ingresos	Egresos	Comentarios	Saldo €
N°.	Fecha	Ingresos	Egresos	Comentarios	Saldo €

N°.	Fecha	Ingresos	Egresos	Comentarios	Saldo €
N°.	Fecha	Ingresos	Egresos	Comentarios	Saldo €

N°.	Fecha	Ingresos	Egresos	Comentarios	Saldo €
N°.	Fecha	Ingresos	Egresos	Comentarios	Saldo €

N°.	Fecha	Ingresos	Egresos	Comentarios	Saldo €
N°.	Fecha	Ingresos	Egresos	Comentarios	Saldo €

N°.	Fecha	Ingresos	Egresos	Comentarios	Saldo €
N°.	Fecha	Ingresos	Egresos	Comentarios	Saldo €

Nº.	Fecha	Ingresos	Egresos	Comentarios	Saldo €
Nº.	Fecha	Ingresos	Egresos	Comentarios	Saldo €

Nº.	Fecha	Ingresos	Egresos	Comentarios	Saldo €
Nº.	Fecha	Ingresos	Egresos	Comentarios	Saldo €

N°.	Fecha	Ingresos	Egresos	Comentarios	Saldo €
N°.	Fecha	Ingresos	Egresos	Comentarios	Saldo €

N°.	Fecha	Ingresos	Egresos	Comentarios	Saldo €
N°.	Fecha	Ingresos	Egresos	Comentarios	Saldo €

N°.	Fecha	Ingresos	Egresos	Comentarios	Saldo €
N°.	Fecha	Ingresos	Egresos	Comentarios	Saldo €

N°.	Fecha	Ingresos	Egresos	Comentarios	Saldo €
N°.	Fecha	Ingresos	Egresos	Comentarios	Saldo €

N°.	Fecha	Ingresos	Egresos	Comentarios	Saldo €
N°.	Fecha	Ingresos	Egresos	Comentarios	Saldo €

N°.	Fecha	Ingresos	Egresos	Comentarios	Saldo €
N°.	Fecha	Ingresos	Egresos	Comentarios	Saldo €

N°.	Fecha	Ingresos	Egresos	Comentarios	Saldo €
N°.	Fecha	Ingresos	Egresos	Comentarios	Saldo €

N°.	Fecha	Ingresos	Egresos	Comentarios	Saldo €
N°.	Fecha	Ingresos	Egresos	Comentarios	Saldo €

N°.	Fecha	Ingresos	Egresos	Comentarios	Saldo €
N°.	Fecha	Ingresos	Egresos	Comentarios	Saldo €

N°.	Fecha	Ingresos	Egresos	Comentarios	Saldo €
N°.	Fecha	Ingresos	Egresos	Comentarios	Saldo €

N°.	Fecha	Ingresos	Egresos	Comentarios	Saldo €
N°.	Fecha	Ingresos	Egresos	Comentarios	Saldo €

N°.	Fecha	Ingresos	Egresos	Comentarios	Saldo €
N°.	Fecha	Ingresos	Egresos	Comentarios	Saldo €

N°.	Fecha	Ingresos	Egresos	Comentarios	Saldo €
N°.	Fecha	Ingresos	Egresos	Comentarios	Saldo €

N°.	Fecha	Ingresos	Egresos	Comentarios	Saldo €
N°.	Fecha	Ingresos	Egresos	Comentarios	Saldo €

N°.	Fecha	Ingresos	Egresos	Comentarios	Saldo €
N°.	Fecha	Ingresos	Egresos	Comentarios	Saldo €

N°.	Fecha	Ingresos	Egresos	Comentarios	Saldo €
N°.	Fecha	Ingresos	Egresos	Comentarios	Saldo €

N°.	Fecha	Ingresos	Egresos	Comentarios	Saldo €
N°.	Fecha	Ingresos	Egresos	Comentarios	Saldo €

N°.	Fecha	Ingresos	Egresos	Comentarios	Saldo €
N°.	Fecha	Ingresos	Egresos	Comentarios	Saldo €

N°.	Fecha	Ingresos	Egresos	Comentarios	Saldo €

N°.	Fecha	Ingresos	Egresos	Comentarios	Saldo €

N°.	Fecha	Ingresos	Egresos	Comentarios	Saldo €
N°.	Fecha	Ingresos	Egresos	Comentarios	Saldo €

N°.	Fecha	Ingresos	Egresos	Comentarios	Saldo €
N°.	Fecha	Ingresos	Egresos	Comentarios	Saldo €

N°.	Fecha	Ingresos	Egresos	Comentarios	Saldo €
N°.	Fecha	Ingresos	Egresos	Comentarios	Saldo €

N°.	Fecha	Ingresos	Egresos	Comentarios	Saldo €
N°.	Fecha	Ingresos	Egresos	Comentarios	Saldo €

N°.	Fecha	Ingresos	Egresos	Comentarios	Saldo €
N°.	Fecha	Ingresos	Egresos	Comentarios	Saldo €

N°.	Fecha	Ingresos	Egresos	Comentarios	Saldo €
N°.	Fecha	Ingresos	Egresos	Comentarios	Saldo €

Nº.	Fecha	Ingresos	Egresos	Comentarios	Saldo €
Nº.	Fecha	Ingresos	Egresos	Comentarios	Saldo €

N°.	Fecha	Ingresos	Egresos	Comentarios	Saldo €
N°.	Fecha	Ingresos	Egresos	Comentarios	Saldo €

Nº.	Fecha	Ingresos	Egresos	Comentarios	Saldo €
Nº.	Fecha	Ingresos	Egresos	Comentarios	Saldo €

N°.	Fecha	Ingresos	Egresos	Comentarios	Saldo €
N°.	Fecha	Ingresos	Egresos	Comentarios	Saldo €

N°.	Fecha	Ingresos	Egresos	Comentarios	Saldo €
N°.	Fecha	Ingresos	Egresos	Comentarios	Saldo €

N°.	Fecha	Ingresos	Egresos	Comentarios	Saldo €
N°.	Fecha	Ingresos	Egresos	Comentarios	Saldo €

N°.	Fecha	Ingresos	Egresos	Comentarios	Saldo €
N°.	Fecha	Ingresos	Egresos	Comentarios	Saldo €

N°.	Fecha	Ingresos	Egresos	Comentarios	Saldo €
N°.	Fecha	Ingresos	Egresos	Comentarios	Saldo €

N°.	Fecha	Ingresos	Egresos	Comentarios	Saldo €
N°.	Fecha	Ingresos	Egresos	Comentarios	Saldo €

N°.	Fecha	Ingresos	Egresos	Comentarios	Saldo €
N°.	Fecha	Ingresos	Egresos	Comentarios	Saldo €

N°.	Fecha	Ingresos	Egresos	Comentarios	Saldo €
N°.	Fecha	Ingresos	Egresos	Comentarios	Saldo €

N°.	Fecha	Ingresos	Egresos	Comentarios	Saldo €
N°.	Fecha	Ingresos	Egresos	Comentarios	Saldo €

N°.	Fecha	Ingresos	Egresos	Comentarios	Saldo €
N°.	Fecha	Ingresos	Egresos	Comentarios	Saldo €

N°.	Fecha	Ingresos	Egresos	Comentarios	Saldo €
N°.	Fecha	Ingresos	Egresos	Comentarios	Saldo €

N°.	Fecha	Ingresos	Egresos	Comentarios	Saldo €
N°.	Fecha	Ingresos	Egresos	Comentarios	Saldo €

N°.	Fecha	Ingresos	Egresos	Comentarios	Saldo €
N°.	Fecha	Ingresos	Egresos	Comentarios	Saldo €

N°.	Fecha	Ingresos	Egresos	Comentarios	Saldo €
N°.	Fecha	Ingresos	Egresos	Comentarios	Saldo €

N°.	Fecha	Ingresos	Egresos	Comentarios	Saldo €
N°.	Fecha	Ingresos	Egresos	Comentarios	Saldo €

N°.	Fecha	Ingresos	Egresos	Comentarios	Saldo €
N°.	Fecha	Ingresos	Egresos	Comentarios	Saldo €

N°.	Fecha	Ingresos	Egresos	Comentarios	Saldo €
N°.	Fecha	Ingresos	Egresos	Comentarios	Saldo €

N°.	Fecha	Ingresos	Egresos	Comentarios	Saldo €
N°.	Fecha	Ingresos	Egresos	Comentarios	Saldo €

N°.	Fecha	Ingresos	Egresos	Comentarios	Saldo €
N°.	Fecha	Ingresos	Egresos	Comentarios	Saldo €

N°.	Fecha	Ingresos	Egresos	Comentarios	Saldo €
N°.	Fecha	Ingresos	Egresos	Comentarios	Saldo €

N°.	Fecha	Ingresos	Egresos	Comentarios	Saldo €
N°.	Fecha	Ingresos	Egresos	Comentarios	Saldo €

N°.	Fecha	Ingresos	Egresos	Comentarios	Saldo €
N°.	Fecha	Ingresos	Egresos	Comentarios	Saldo €

N°.	Fecha	Ingresos	Egresos	Comentarios	Saldo €
N°.	Fecha	Ingresos	Egresos	Comentarios	Saldo €

N°.	Fecha	Ingresos	Egresos	Comentarios	Saldo €
N°.	Fecha	Ingresos	Egresos	Comentarios	Saldo €

Nº.	Fecha	Ingresos	Egresos	Comentarios	Saldo €
Nº.	Fecha	Ingresos	Egresos	Comentarios	Saldo €

N°.	Fecha	Ingresos	Egresos	Comentarios	Saldo €
N°.	Fecha	Ingresos	Egresos	Comentarios	Saldo €

N°.	Fecha	Ingresos	Egresos	Comentarios	Saldo €

N°.	Fecha	Ingresos	Egresos	Comentarios	Saldo €

Nº.	Fecha	Ingresos	Egresos	Comentarios	Saldo €
Nº.	Fecha	Ingresos	Egresos	Comentarios	Saldo €

N°.	Fecha	Ingresos	Egresos	Comentarios	Saldo €
N°.	Fecha	Ingresos	Egresos	Comentarios	Saldo €

N°.	Fecha	Ingresos	Egresos	Comentarios	Saldo €
N°.	Fecha	Ingresos	Egresos	Comentarios	Saldo €

N°.	Fecha	Ingresos	Egresos	Comentarios	Saldo €
N°.	Fecha	Ingresos	Egresos	Comentarios	Saldo €

N°.	Fecha	Ingresos	Egresos	Comentarios	Saldo €
N°.	Fecha	Ingresos	Egresos	Comentarios	Saldo €

N°.	Fecha	Ingresos	Egresos	Comentarios	Saldo €
N°.	Fecha	Ingresos	Egresos	Comentarios	Saldo €

N°.	Fecha	Ingresos	Egresos	Comentarios	Saldo €
N°.	Fecha	Ingresos	Egresos	Comentarios	Saldo €

N°.	Fecha	Ingresos	Egresos	Comentarios	Saldo €
N°.	Fecha	Ingresos	Egresos	Comentarios	Saldo €

N°.	Fecha	Ingresos	Egresos	Comentarios	Saldo €
N°.	Fecha	Ingresos	Egresos	Comentarios	Saldo €

N°.	Fecha	Ingresos	Egresos	Comentarios	Saldo €
N°.	Fecha	Ingresos	Egresos	Comentarios	Saldo €

N°.	Fecha	Ingresos	Egresos	Comentarios	Saldo €
N°.	Fecha	Ingresos	Egresos	Comentarios	Saldo €

N°.	Fecha	Ingresos	Egresos	Comentarios	Saldo €
N°.	Fecha	Ingresos	Egresos	Comentarios	Saldo €

N°.	Fecha	Ingresos	Egresos	Comentarios	Saldo €
N°.	Fecha	Ingresos	Egresos	Comentarios	Saldo €

N°.	Fecha	Ingresos	Egresos	Comentarios	Saldo €

N°.	Fecha	Ingresos	Egresos	Comentarios	Saldo €

N°.	Fecha	Ingresos	Egresos	Comentarios	Saldo €
N°.	Fecha	Ingresos	Egresos	Comentarios	Saldo €

N°.	Fecha	Ingresos	Egresos	Comentarios	Saldo €
N°.	Fecha	Ingresos	Egresos	Comentarios	Saldo €

N°.	Fecha	Ingresos	Egresos	Comentarios	Saldo €
N°.	Fecha	Ingresos	Egresos	Comentarios	Saldo €

N°.	Fecha	Ingresos	Egresos	Comentarios	Saldo €
N°.	Fecha	Ingresos	Egresos	Comentarios	Saldo €

N°.	Fecha	Ingresos	Egresos	Comentarios	Saldo €
N°.	Fecha	Ingresos	Egresos	Comentarios	Saldo €

N°.	Fecha	Ingresos	Egresos	Comentarios	Saldo €
N°.	Fecha	Ingresos	Egresos	Comentarios	Saldo €

Nº.	Fecha	Ingresos	Egresos	Comentarios	Saldo €
Nº.	Fecha	Ingresos	Egresos	Comentarios	Saldo €

N°.	Fecha	Ingresos	Egresos	Comentarios	Saldo €
N°.	Fecha	Ingresos	Egresos	Comentarios	Saldo €

N°.	Fecha	Ingresos	Egresos	Comentarios	Saldo €
N°.	Fecha	Ingresos	Egresos	Comentarios	Saldo €

N°.	Fecha	Ingresos	Egresos	Comentarios	Saldo €
N°.	Fecha	Ingresos	Egresos	Comentarios	Saldo €

N°.	Fecha	Ingresos	Egresos	Comentarios	Saldo €
N°.	Fecha	Ingresos	Egresos	Comentarios	Saldo €

N°.	Fecha	Ingresos	Egresos	Comentarios	Saldo €
N°.	Fecha	Ingresos	Egresos	Comentarios	Saldo €

Nº.	Fecha	Ingresos	Egresos	Comentarios	Saldo €
Nº.	Fecha	Ingresos	Egresos	Comentarios	Saldo €

N°.	Fecha	Ingresos	Egresos	Comentarios	Saldo €

N°.	Fecha	Ingresos	Egresos	Comentarios	Saldo €

Nº.	Fecha	Ingresos	Egresos	Comentarios	Saldo €
Nº.	Fecha	Ingresos	Egresos	Comentarios	Saldo €

N°.	Fecha	Ingresos	Egresos	Comentarios	Saldo €
N°.	Fecha	Ingresos	Egresos	Comentarios	Saldo €

N°.	Fecha	Ingresos	Egresos	Comentarios	Saldo €
N°.	Fecha	Ingresos	Egresos	Comentarios	Saldo €

N°.	Fecha	Ingresos	Egresos	Comentarios	Saldo €
N°.	Fecha	Ingresos	Egresos	Comentarios	Saldo €

N°.	Fecha	Ingresos	Egresos	Comentarios	Saldo €
N°.	Fecha	Ingresos	Egresos	Comentarios	Saldo €

N°.	Fecha	Ingresos	Egresos	Comentarios	Saldo €
N°.	Fecha	Ingresos	Egresos	Comentarios	Saldo €

N°.	Fecha	Ingresos	Egresos	Comentarios	Saldo €
N°.	Fecha	Ingresos	Egresos	Comentarios	Saldo €

N°.	Fecha	Ingresos	Egresos	Comentarios	Saldo €
N°.	Fecha	Ingresos	Egresos	Comentarios	Saldo €

N°.	Fecha	Ingresos	Egresos	Comentarios	Saldo €
N°.	Fecha	Ingresos	Egresos	Comentarios	Saldo €

N°.	Fecha	Ingresos	Egresos	Comentarios	Saldo €
N°.	Fecha	Ingresos	Egresos	Comentarios	Saldo €

N°.	Fecha	Ingresos	Egresos	Comentarios	Saldo €
N°.	Fecha	Ingresos	Egresos	Comentarios	Saldo €

N°.	Fecha	Ingresos	Egresos	Comentarios	Saldo €
N°.	Fecha	Ingresos	Egresos	Comentarios	Saldo €

N°.	Fecha	Ingresos	Egresos	Comentarios	Saldo €
N°.	Fecha	Ingresos	Egresos	Comentarios	Saldo €

N°.	Fecha	Ingresos	Egresos	Comentarios	Saldo €
N°.	Fecha	Ingresos	Egresos	Comentarios	Saldo €

N°.	Fecha	Ingresos	Egresos	Comentarios	Saldo €
N°.	Fecha	Ingresos	Egresos	Comentarios	Saldo €

N°.	Fecha	Ingresos	Egresos	Comentarios	Saldo €
N°.	Fecha	Ingresos	Egresos	Comentarios	Saldo €

Nº.	Fecha	Ingresos	Egresos	Comentarios	Saldo €
Nº.	Fecha	Ingresos	Egresos	Comentarios	Saldo €

N°.	Fecha	Ingresos	Egresos	Comentarios	Saldo €
N°.	Fecha	Ingresos	Egresos	Comentarios	Saldo €

N°.	Fecha	Ingresos	Egresos	Comentarios	Saldo €
N°.	Fecha	Ingresos	Egresos	Comentarios	Saldo €

N°.	Fecha	Ingresos	Egresos	Comentarios	Saldo €
N°.	Fecha	Ingresos	Egresos	Comentarios	Saldo €

N°.	Fecha	Ingresos	Egresos	Comentarios	Saldo €
N°.	Fecha	Ingresos	Egresos	Comentarios	Saldo €

N°.	Fecha	Ingresos	Egresos	Comentarios	Saldo €
N°.	Fecha	Ingresos	Egresos	Comentarios	Saldo €

Nº.	Fecha	Ingresos	Egresos	Comentarios	Saldo €
Nº.	Fecha	Ingresos	Egresos	Comentarios	Saldo €

N°.	Fecha	Ingresos	Egresos	Comentarios	Saldo €
N°.	Fecha	Ingresos	Egresos	Comentarios	Saldo €

N°.	Fecha	Ingresos	Egresos	Comentarios	Saldo €
N°.	Fecha	Ingresos	Egresos	Comentarios	Saldo €

Nº.	Fecha	Ingresos	Egresos	Comentarios	Saldo €
Nº.	Fecha	Ingresos	Egresos	Comentarios	Saldo €

N°.	Fecha	Ingresos	Egresos	Comentarios	Saldo €
N°.	Fecha	Ingresos	Egresos	Comentarios	Saldo €

N°.	Fecha	Ingresos	Egresos	Comentarios	Saldo €
N°.	Fecha	Ingresos	Egresos	Comentarios	Saldo €

N°.	Fecha	Ingresos	Egresos	Comentarios	Saldo €
N°.	Fecha	Ingresos	Egresos	Comentarios	Saldo €

N°.	Fecha	Ingresos	Egresos	Comentarios	Saldo €
N°.	Fecha	Ingresos	Egresos	Comentarios	Saldo €

N°.	Fecha	Ingresos	Egresos	Comentarios	Saldo €
N°.	Fecha	Ingresos	Egresos	Comentarios	Saldo €

N°.	Fecha	Ingresos	Egresos	Comentarios	Saldo €
N°.	Fecha	Ingresos	Egresos	Comentarios	Saldo €

N°.	Fecha	Ingresos	Egresos	Comentarios	Saldo €

N°.	Fecha	Ingresos	Egresos	Comentarios	Saldo €

N°.	Fecha	Ingresos	Egresos	Comentarios	Saldo €
N°.	Fecha	Ingresos	Egresos	Comentarios	Saldo €

N°.	Fecha	Ingresos	Egresos	Comentarios	Saldo €
N°.	Fecha	Ingresos	Egresos	Comentarios	Saldo €

N°.	Fecha	Ingresos	Egresos	Comentarios	Saldo €
N°.	Fecha	Ingresos	Egresos	Comentarios	Saldo €

N°.	Fecha	Ingresos	Egresos	Comentarios	Saldo €
N°.	Fecha	Ingresos	Egresos	Comentarios	Saldo €

N°.	Fecha	Ingresos	Egresos	Comentarios	Saldo €
N°.	Fecha	Ingresos	Egresos	Comentarios	Saldo €

N°.	Fecha	Ingresos	Egresos	Comentarios	Saldo €
N°.	Fecha	Ingresos	Egresos	Comentarios	Saldo €

N°.	Fecha	Ingresos	Egresos	Comentarios	Saldo €
N°.	Fecha	Ingresos	Egresos	Comentarios	Saldo €

Nº.	Fecha	Ingresos	Egresos	Comentarios	Saldo €
Nº.	Fecha	Ingresos	Egresos	Comentarios	Saldo €

Nº.	Fecha	Ingresos	Egresos	Comentarios	Saldo €
Nº.	Fecha	Ingresos	Egresos	Comentarios	Saldo €

N°.	Fecha	Ingresos	Egresos	Comentarios	Saldo €
N°.	Fecha	Ingresos	Egresos	Comentarios	Saldo €

N°.	Fecha	Ingresos	Egresos	Comentarios	Saldo €
N°.	Fecha	Ingresos	Egresos	Comentarios	Saldo €

N°.	Fecha	Ingresos	Egresos	Comentarios	Saldo €
N°.	Fecha	Ingresos	Egresos	Comentarios	Saldo €

N°.	Fecha	Ingresos	Egresos	Comentarios	Saldo €
N°.	Fecha	Ingresos	Egresos	Comentarios	Saldo €

N°.	Fecha	Ingresos	Egresos	Comentarios	Saldo €
N°.	Fecha	Ingresos	Egresos	Comentarios	Saldo €

N°.	Fecha	Ingresos	Egresos	Comentarios	Saldo €
N°.	Fecha	Ingresos	Egresos	Comentarios	Saldo €

N°.	Fecha	Ingresos	Egresos	Comentarios	Saldo €
N°.	Fecha	Ingresos	Egresos	Comentarios	Saldo €

N°.	Fecha	Ingresos	Egresos	Comentarios	Saldo €
N°.	Fecha	Ingresos	Egresos	Comentarios	Saldo €

www.ingramcontent.com/pod-product-compliance
Lightning Source LLC
Chambersburg PA
CBHW080106240526
45466CB00023BB/2955